U0840332

Zhongguo Wenhua Zhishi Duben

中国文化知识读本

# 吴越文化

主编 金开诚
编著 谷英姿

吉林出版集团有限责任公司
吉林文史出版社

**图书在版编目（CIP）数据**

吴越文化 / 谷英姿编著. -- 长春 :
吉林出版集团有限责任公司 : 吉林文史出版社, 2009.12 (2023.4重印)
(中国文化知识读本)
ISBN 978-7-5463-1972-8

Ⅰ. ①吴… Ⅱ. ①谷… Ⅲ. ①文化史-华东地区
Ⅳ. ①K295

中国版本图书馆CIP数据核字(2009)第236932号

# 吴越文化

WU YUE WENHUA

**主编**/金开诚 **编著**/谷英姿
**项目负责**/崔博华 **责任编辑**/曹 恒 于 涉
**责任校对**/王 非 **装帧设计**/曹 恒
**出版发行**/吉林出版集团有限责任公司 吉林文史出版社
**地址**/长春市福祉大路5788号 **邮编**/130000
**印刷**/天津市天玺印务有限公司
**版次**/2009年12月第1版 **印次**/2023年4月第4次印刷
**开本**/660mm×915mm 1/16
**印张**/8 **字数**/30千
**书号**/ISBN 978-7-5463-1972-8
**定价**/34.80元

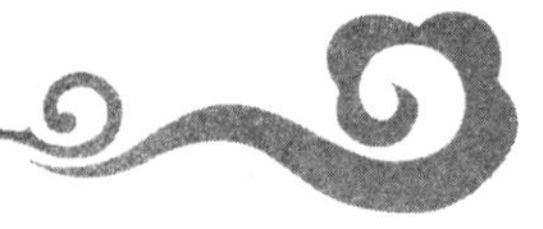

# 前言

文化是一种社会现象，是人类物质文明和精神文明有机融合的产物；同时又是一种历史现象，是社会的历史沉积。当今世界，随着经济全球化进程的加快，人们也越来越重视本民族的文化。我们只有加强对本民族文化的继承和创新，才能更好地弘扬民族精神，增强民族凝聚力。历史经验告诉我们，任何一个民族要想屹立于世界民族之林，必须具有自尊、自信、自强的民族意识。文化是维系一个民族生存和发展的强大动力。一个民族的存在依赖文化，文化的解体就是一个民族的消亡。

随着我国综合国力的日益强大，广大民众对重塑民族自尊心和自豪感的愿望日益迫切。作为民族大家庭中的一员，将源远流长、博大精深的中国文化继承并传播给广大群众，特别是青年一代，是我们出版人义不容辞的责任。

本套丛书是由吉林文史出版社和吉林出版集团有限责任公司组织国内知名专家学者编写的一套旨在传播中华五千年优秀传统文化，提高全民文化修养的大型知识读本。该书在深入挖掘和整理中华优秀传统文化成果的同时，结合社会发展，注入了时代精神。书中优美生动的文字、简明通俗的语言、图文并茂的形式，把中国文化中的物态文化、制度文化、行为文化、精神文化等知识要点全面展示给读者。点点滴滴的文化知识仿佛颗颗繁星，组成了灿烂辉煌的中国文化的天穹。

希望本书能为弘扬中华五千年优秀传统文化、增强各民族团结、构建社会主义和谐社会尽一份绵薄之力，也坚信我们的中华民族一定能够早日实现伟大复兴！

# 目录

一、吴越文化的来源和特征 ……………………………001
二、吴越文化的原始文化 ……………………………009
三、吴越文化的民俗文化 ……………………………047
四、吴越文化的语言戏曲文化 ………………………079
五、吴越文化的师爷文化 ……………………………099
六、吴越文化的建筑文化 ……………………………105

# 一、吴越文化的来源和特征

吴越文化是长江下游的区域文化。中国古代一般以淮河为南北方的分界线。淮河以南的长江下游地区，从新石器时代以来，文化面貌相对比较一致。春秋战国时期，在这片土地上先后崛起吴、越二霸，因此我们称这一带为吴越文化区。

## （一）吴越方化的来源

自商末周初起，吴和越两个国家分别在今天的江、浙地区逐渐形成，有关吴越文化的详细记载是从春秋始，确切讲是从句吴王寿梦（公元前 585 年称王）开始。当时的句吴在寿梦的领导下开始强盛起来，他通过“朝周，适梦，观诸侯礼乐”等一系列的外交活动，

长江大桥

让中原人认识自己的国家。也就是从此时起，吴越两国成了晋楚相斗的国家，也因此开始逐鹿中原。这一地区在公元前11世纪“泰伯奔吴”之前，已经达到较高的文明程度。这从近半个多世纪以来马家浜文化时期和良渚文化时期的考古发现中可以得到佐证。但在中国文化史上，六朝时期以前产生并存续于江浙地区的吴越文化，尚未形成一种真正具有核心价值理念、具有鲜明的统一性和系统性的文化形态。直到六朝前期，吴越民众仍以尚武逞勇为风气。相比中原地区，吴越文化的落后是明显的。

七千年间，吴越文化经历了几次沧桑巨

长江下游风光

变。从公元前333年楚威王“大败越”到汉武帝时期，经过两百多年的种族大换班，吴越地区由夷越文化变为汉族文化，这是吴越文化的第一次转型。这次转型属民族属性的转型。吴越文化由春秋战国时期的尚武型变为汉代以后的崇文型，政治色彩由浓转淡。从东吴到南宋，吴越地区出现三次发展机遇。永嘉之乱、安史之乱、靖康之难，是中华文明的三次劫难，幸亏长江以南土地辽阔，使中华文明有足够的退身之地。这三次劫难，有两次迫使朝廷搬家，即永嘉之乱与靖康之难。朝廷两次搬家，都搬到吴越地区，第一次搬到南京，第二次搬到杭州。三次移民潮

南京风光

杭州西湖风光

带来中原先进文化，经长期融合，明清时期的吴越文化才呈现纯正、成熟、鼎盛状态。三次移民改变了南北方的经济文化地位。从南宋开始，吴越地区逐渐成为中国经济文化的重心所在地，吴越文化成为中国最发达的区域文化。鸦片战争以后，吴越文化又经历第二次转型。这次转型是全国性的，不限于吴越地区。吴越地区的特殊之处在于：它的文化精英聚集上海，使上海成为中国文化转型的枢纽，吴越地区成为文化转型的最先进地区。经过这次转型，吴越文化在中国文化中率先与世界接轨，从古代型变为近代型，

西湖雷峰塔

这是文化时代属性的转型。

## （二）吴越文化特征

就总体性状而言，粗犷中蕴涵精雅，是当时吴越文化的显著特征。文化的地域特征取决于三个因素：一是自然环境，二是生产方式，三是人文环境。长江下游温湿多水，河网纵横，使人性柔；长江下游种植水稻，养蚕缫丝，生产方式精致细密，使人心细；六朝至隋唐的晋室南渡，士族文化的阴柔特质及其对温婉、清秀、恬静的追求，改变了吴越文化的审美取向，逐步给其注入了“士族精神、书生气质”。长江下游自古多艺术，南宋以后有“江南人文薮”之称，使人气质文雅。柔、细、雅，似乎可以称得上是七千年吴越文化的个性特征。

七千年前的中国各地史前文化，哪一个地方的艺术品，能像河姆渡出土的象牙雕刻“鸟日同体”图那么精致、柔雅、富于想象力？

还原的河姆渡人狩猎场景

刻纹陶盆

四五千年前的中国各地史前文化，哪个地方的艺术品像良渚文化玉雕那么精致高雅？春秋晚期，吴越争霸，尚武精神发挥到极致，但是即使在这一非常特殊的时间段里，吴越兵器仍然是全国兵器中最精致的艺术品。当时最美的文字是鸟篆书，鸟篆书以越国最发达。夫差与勾践都有卧薪尝胆精神，卧薪尝胆是以柔克刚。越剧可以看做是吴越文化的样品，其柔、细、雅的文化气质表露得淋漓尽致。以女小生为特色，这就决定了越剧的风格是柔美、细腻、文雅。从剧目、唱腔到服装都充满着柔、细、雅的特点。

# 二、吴越文化的原始文化

河姆渡史前女化发现处

## （一）河姆渡文化

河姆渡遗址是我国新石器时代的一处重要聚落遗址。它是 1973 年夏天当地农民兴修水利时发现的，总面积约 4 万平方米，自下而上叠压着四个文化层，第四文化层距今约七千年，第三文化层距今约六千五百年，第二文化层距今约五千六百年，第一文化层距今约五千年。1973 年和 1977 年冬季进行过两次考古发掘，合计面积 2630 平方米，出土生产工具、生活器具、原始艺术品等文物六千七百余件，还发现丰富的栽培稻谷和大面积的木建筑遗迹、捕猎的野生动物和家畜的骨骸、采集的植物果实等遗存。丰富的出

红陶鬶

土文物充分展现了我国南方氏族社会历史时期的繁荣景象，为研究远古时代的农业、建筑、制陶、纺织、艺术和东方文明的起源提供了极其珍贵的实物资料，所以命名为河姆渡文化。像河姆渡遗址这样历史悠久、文物埋藏全面又丰富的遗址在世界考古史上也是十分罕见的。

河姆渡遗址发掘发现的文物遗存具有数量巨大、种类丰富的特点，为研究距今七八千年的氏族公社繁荣时期人们的生产、生活情况提供了比较全面的材料。如两次发掘出土的陶片达四十万片之多，用同样的发掘面积作比较，是其他新石器时代遗址所不及的。又如出土的纺织工具有纺轮、绕纱棒、分径木、经轴、机刀、梭形器、骨针近十种，根据这些部件，可以复原当时的织机，其他的遗址就没有这么具体。它的文化特色主要还在稻作农业、干栏式建筑、纺织和水上交通方面。

河姆渡遗址两次考古发掘的大多数探坑中都发现20—50厘米厚的稻谷、谷壳、稻叶、茎杆和木屑、苇编交互混杂的堆积层，最厚处达80厘米。稻谷出土时色泽金黄、颖脉清晰、芒刺挺直，经专家鉴定属栽培水稻的原始粳、籼混合种，以籼稻为主（占60%以上）。伴随稻谷一起出土的还有大量农具、主要是骨耜，

红漆碗

河姆渡人生活情景

有170件，其中两件骨耜柄部还留着残木柄和捆绑的藤条。骨耜的功能类似后世的铲，是翻土农具，说明河姆渡原始稻作农业已进入耜耕阶段。当时的稻田分布在发掘区的北面和东面，面积约6公顷。农业起源表明人类社会从单一的攫取式经济开始向生产式经济发展，这一转变拓展了食物来源，为人类发展奠定了物质基础，在人类发展史上有十分重要的意义。河姆渡原始稻作农业的发现纠正了中国栽培水稻的粳稻从印度传入、籼稻从日本传入的传统说法，在学术界树立了中国栽培水稻是从本土起源的观点，而且起

河姆渡文化园

源地不会只有一个的多元观点，从而极大地拓宽了农业起源的研究领域。

河姆渡遗址两次发掘范围内发现大量干栏式建筑遗迹，特别是在第四文化层底部，分布面积最大，数量最多，远远望去，密密麻麻，蔚为壮观。建筑专家根据桩木排列、走向推算，第四文化层时至少有6幢建筑，

河姆渡遗址博物馆一角

其中有幢建筑长 23 米以上，进深 6.4 米，檐下还有 1.3 米宽的走廊。这种长屋里面可能分隔成若干小房间，供一个大家庭住宿。清理出来的构件主要有木桩、地板、柱、梁、枋等，有些构件上带有榫头和卯口，约有几百件，说明当时建房时垂直相交的接点较多地采用了榫卯技术。河姆渡遗址的建筑是以大

红陶三足鸟形器

小木桩为基础，其上架设大小梁，铺上地板，做成高于地面的基座，然后立柱架梁、构建人字坡屋顶，完成屋架部分的建筑，最后用苇席或树皮做成围护设施。其中立柱的方法也可能是从地面开始，通过与桩木绑扎的办法树立的。这种底下架空，带长廊的长屋建筑古人称为干栏式建筑，它适应南方地区潮湿多雨的地理环境，因此被后世所继承，今天在我国西南地区和东南亚国家的农村还可以见到此类建筑。建造庞大的干栏式建筑远比同时期黄河流域居民的半地穴式建筑要复杂，数量巨大的木材需要有专人策划、计算后进行分类加工，建筑时需要有人现场指挥，否则七高八低、弯弯曲曲的房子是不牢固的。较高的建筑技术彰显了河姆渡人的智慧。

河姆渡遗址出土的纺织工具数量之多、种类之丰富为新石器时代遗址考古所罕见。数量最多的是纺轮，有三百多件，质地以陶为主，还有石质和木质，形状以扁圆形最为常见，另有少量剖面呈梯形状。织的方面有经轴、分经木、绕纱棒、齿状器、机刀、梭形器等，纺织专家认为这是原始踞织机的部件。缝纫用的是骨针，有九十多件，最小的骨针长仅 9 厘米，径 0.2 厘米，针孔 0.1 厘米，与今天大号钢针差不多。从出土的苇编和器

河姆渡遗址牛头挂饰

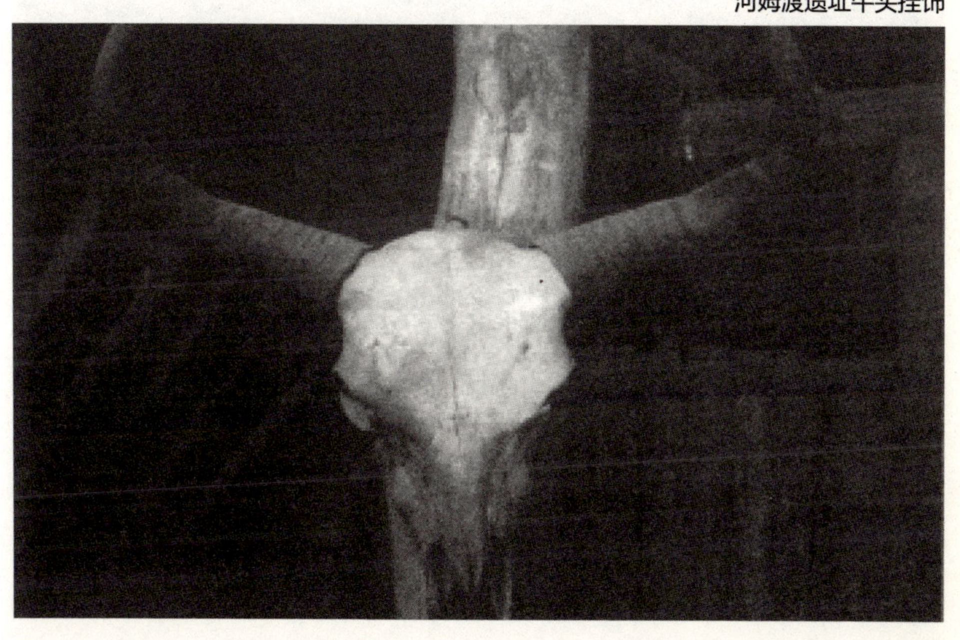

物上精致的图案看，当时织品为经纬线数量相同的人字纹和菱纹。河姆渡遗址出土的木桨共8支，系用原木制作，形似后世的木浆，只是形体略小一些。有桨一定有船，推测河姆渡人已划着独木舟在湖泊之中捕鱼采菱，也可能是氏族间交流时的交通工具。河姆渡遗址发现的漆器有二十多件，早期单纯用天然漆漆于木器表面，稍后在天然漆中掺和了红色矿物质，使器物色彩更加鲜亮，第三文化层中出土的木胎漆碗是其中的代表作品。

河姆渡遗址发现的原始艺术品可分为独立存在的纯艺术品和施刻于器表之上集实用

河姆渡时期饲养猪模型

河姆渡人打猎场景

和观赏于一体的装饰艺术两大类，而以后一类数量居多，充分表现了河姆渡人的审美兴趣和文明程度。艺术品中最为人称道的是“双鸟朝阳”纹象牙雕刻件，该器长 16 厘米，宽 5.9 厘米，厚约 1 厘米，形似鸟窝。器物正中阴刻 5 个同心圆，外圆上部刻火焰纹，两侧各有一只圆目利喙的鸷鸟相对而视。画面布局严谨，线条虚实结合，图画寓意深刻，有人说它象征太阳，另有人认为是鸟在孵蛋，象征对生命、生殖的崇拜。说明该器物具有强烈的宗教意义，原始先民已有复杂的精神生活。

马家浜文化遗址出土的平底釜

## （二）马家浜文化

马家浜文化是中国长江下游地区的新石器时代文化。因浙江省嘉兴县马家浜遗址而得名。主要分布在太湖地区，南达浙江的钱塘江北岸，西北到江苏常州一带。据放射性碳素断代并经校正，年代约始于公元前 5000 年，到公元前 4000 年左右发展为崧泽文化。马家浜文化及其后续的崧泽文化、良渚文化的发现与确立，表明太湖地区的新石器文化源远流长、自成系统，并具有鲜明的地域特色。

1957 年发掘的浙江吴兴邱城遗址，下层是以红陶为主的遗存。1959 年，浙江省文物管理委员会等单位在嘉兴马家浜遗址发掘，发现有与邱城下层同类的遗物并有房基、墓葬等遗迹。同年，江苏省文物工作队发掘的吴江梅堰遗址中，也含有这一类遗存。20 世纪 60 年代，有人把它归属青莲岗文化。后来，有人进一步定为青莲岗文化江南类型的马家浜期。20 世纪 70 年代起，有人把它与青莲岗文化相区分，提出了马家浜文化的命名，现已普遍得到承认。经发掘的主要遗址，除马家浜、邱城外，还有浙江桐乡罗家角、江苏吴县草鞋山、常州圩墩等。

马家浜遗址纪念碑

马家浜文化主要特点有三：其一，盛行俯身葬。有些死者头骨用陶器覆盖，或是把头骨另放在陶器内，这是较为特殊的一种葬俗。其二，陶器主要是红陶，以外红里黑或表红胎黑的泥质陶为特色，多素面，外表常有红色陶衣，器形以宽檐釜（或称腰沿釜）、牛鼻形器耳的罐、圆锥足鼎等具有代表性。其三，使用玉璜、玉玦等装饰品，这类玉器后来成了中国的传统饰物。

根据圩墩遗址的地层堆积，结合罗家角、马家浜、草鞋山等遗址的地层关系和陶器演变的排比资料，目前可将马家浜文化分为三

嘉峪关外丰收后的田地

期。早期：为马家浜下层和罗家角第四层。陶器以灰黑陶和灰红陶为主，绳纹较多见，器形以釜为主。中期：为马家浜上层，罗家角第一、二、三层，圩墩下层和草鞋山第十层。陶器以夹砂（包括夹蚌）红褐陶为主，仍有一定数量的灰黑陶和灰红陶，以素面的为多，绳纹基本消失，器形仍以釜为主，出现少量的鼎和较多的豆，还有牛鼻形耳的罐。晚期：为圩墩中层和草鞋山第八、九层。陶器以夹砂红陶和泥质红衣陶为主，主要器形是釜、鼎、豆。

农业生产是马家浜文化居民定居生活的

马家浜遗址

农业生产是马家浜文化的典型特征

基础。在圩墩发现一件残木铲，仅存铲身，两面削成扁平状，刃部较薄，应是掘土工具。收获用的石刀数量较少，而且制作也较粗糙。作物主要是水稻，在罗家角、草鞋山和崧泽遗址下层都发现稻谷，经鉴定有籼稻和粳稻两种。罗家角第三、四层出土的粳稻，年代在公元前5000年左右，是目前中国发现最早的粳稻遗存。同时，在罗家角遗址还发现有籼稻。从粳、籼稻粒的数量比例分析，当时籼稻的种植比粳稻要发达。同时，还饲养猪、狗、水牛等家畜。

渔猎经济也占有较重要的地位。发现的

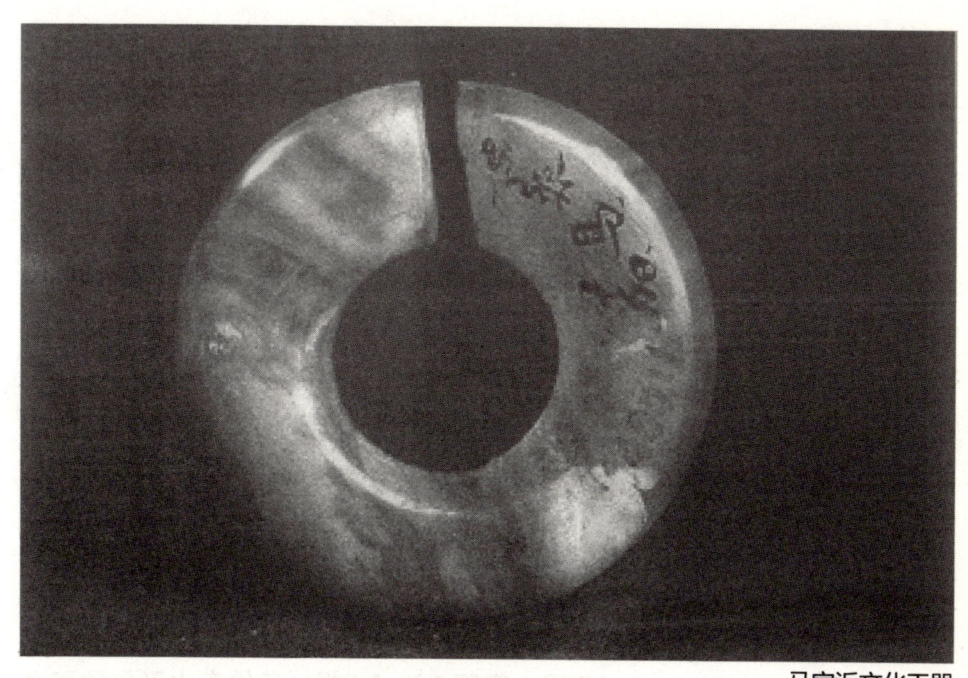
马家浜文化玉器

骨镞，以柳叶形的居多。在马家浜、崧泽、圩墩等遗址的下层，都有大量的兽骨堆积。如马家浜有的兽骨堆积厚达二三十厘米。圩墩的野生动物骨头经过鉴定，有梅花鹿、四不像、野猪、獐、貉和鸟类、草龟、鼋、鲫鱼等。其中，梅花鹿、四不像和野猪的数量较多。在一些遗址中还发现有野生的桃、杏梅的果核和菱角等，这些是人们从事采集活动的例证。

石器的磨制技术较高，器类以锛为主，体型较厚，有孔石斧大都呈舌形，体也较厚。这种磨制精致的锛、斧，主要应是加工木器的

草鞋山遗址

工具。在圩墩遗址发现有铲等木器。陶器有夹砂陶和泥质陶两种，均为手制。一般陶色不甚纯正。器表以素面的为多，纹饰有堆纹、弦纹、镂孔、圆窝纹、刻点纹、绳纹、篮纹等。主要器形有釜、鼎、豆、罐、瓮、盆、钵等。还出土有陶质炉、箅、三足壶形器等其他文化所未见的器物。大都火候不高，陶质较软，制陶技术还处于较低的阶段。在草鞋山遗址发现了公元前 4000 多年的三块残布片，经鉴定，原料可能是野生葛。系纬线起花的罗纹织物，密度是每平方厘米经线约 10 根，纬线罗纹部约 26—28 根，底部 13—14 根。花纹有山形斜纹和菱形斜纹，组织结构属绞纱罗纹，嵌入绕环斜纹，还有罗纹边组织。这是中国目前最早的纺织品实物。

在草鞋山遗址，发现由 10 个柱洞围成的近圆形的房基残迹，面积约 6 平方米。在马家浜遗址发现的是长方形房基，面积约 20 平方米，其东、西两侧各保存柱洞 5 个，南面一侧有柱洞 3 个。上述两地房屋的柱洞中，有的还残存木柱或在洞底垫有朽木板。这种木板与柱础的作用相似。圩墩遗址出土有榫卯结构的木柱。在邱城遗址发现的居住面用砂土、小砾石、陶片、贝壳和骨渣等混合筑成，还在居住区内挖

马家浜文化遗址

小型沟道，附近有石筑的长条形公共烧火沟。

在马家浜、圩墩、草鞋山等地共发现墓葬二百多座。多为单人俯身葬，也有仰身直肢葬、屈肢葬和侧身葬等，多数头向北。在草鞋山和圩墩墓地，还发现有几座同性合葬墓，同一墓内的死者年龄相近。在草鞋山有些死者头骨用釜、钵、盆、豆等陶器覆盖，有的把头骨另放在陶器内。随葬器物一般都很少，主要是日用陶器。草鞋山的106座墓中，有25座无随葬品，其他的有1—4件，最多的为一座成年女性墓，有9件。随葬品大都是1件食器，或食器和炊器各1件。食器以豆为多，

石钺出土时的情景

马家浜出土的陶器

其次为钵，也有罐、盆、杯等，炊器以釜为多，或用鼎代釜。用生产工具随葬的只有 2 座墓，各放 1 件石斧。有的墓还随葬玉环、玉镯等装饰品以及鹿角、兽牙、蚌壳等。一般认为，马家浜文化处在母系氏族社会时期。上述同性合葬墓的出现，大体是这个阶段在葬俗上的一种反映。

有人认为，马家浜文化由河姆渡文化发展而来。持此意见者把河姆渡遗址第三、四层定为河姆渡文化，将其第二层归属马家浜文化，并认为在地层叠压和器物演变上，这两种文化是先后承袭发展的。另一种意见认为，

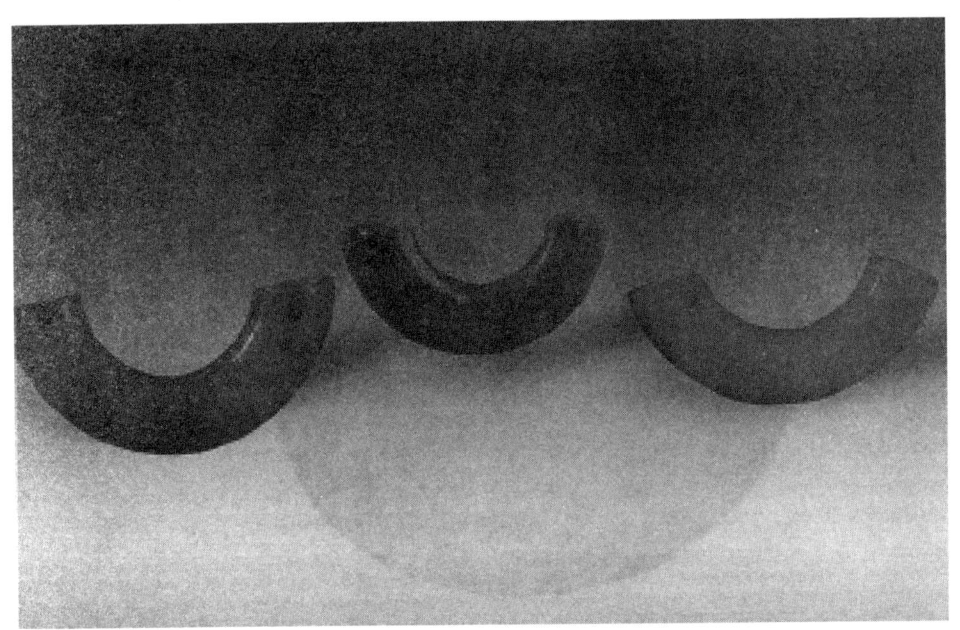
马家浜文化玉器

河姆渡遗址第二层均属河姆渡文化，马家浜文化则另有来源，需再作探索。持此意见者指出，马家浜文化的中、晚期，与河姆渡遗址第二层的年代大体相当，而分属于两个考古学文化，存在相互影响交流的关系。例如，河姆渡遗址第二层的泥质外红里黑陶、牛鼻形耳的罐等，与马家浜文化的有相似之处，是河姆渡文化晚期受马家浜文化影响的结果；同时，在河姆渡遗址还发现一件作为马家浜文化代表性陶器的残宽檐釜，明显是在马家浜文化影响下产生的。马家浜文化的圩墩遗址与南京北阴阳营遗址相比较，器物的差别是主要的，但也有部分近似的器物，例如扁平穿孔石锄、有孔石斧、扁足釜形鼎、敛口矮圈足豆、单耳罐和带流圈足罐等，这说明两者之间有着密切的关系。另外，曾在江苏北部淮安青莲岗遗址发现有个别的宽檐釜，当是在马家浜文化影响下的产物。至于马家浜文化的去向，在草鞋山遗址第七层发现六座墓葬，头向、葬式与叠压在其下的第八、九层马家浜文化墓葬相似，而陶器的陶质和大部分器形，又具有崧泽文化的特点，因此，有人建议把这层作为马家浜文化向崧泽文化过渡的例证。通过普遍发现崧泽文化、马家浜文化的上下层叠压关系，以及从整体上分析这两种文化遗存的内涵，可以确定从马家

马家浜文化遗址简介

浜文化演变发展成为崧泽文化。

### （三）良渚文化

良渚文化是我国长江下游太湖流域一支重要的古文明，是铜石并用时代文化。因发现于浙江余杭良渚镇而得名，距今约四五千年，在1936年被发现，经半个多世纪的考古调查和发掘，初步查明遗址分布于太湖地区。在杭州市余杭区良渚、安溪、瓶窑三个镇地域内，分布着以莫角山遗址为核心的五十余处良渚文化遗址，有村落、墓地、祭坛等各种遗存，内涵丰富，范围广阔，遗址密集。良渚文化包括浙江余杭反山、瑶山，江苏吴县、张陵山、草鞋山，武进寺墩，常熟罗墩

良渚文化文物展示

和上海青浦县福泉山，安徽阜宁等长江下游的太湖流域这一时期的文化。良渚文化和红山文化是新石器时期玉文化的两大中心。良渚文化大体可分为早、晚两期。早期以钱山漾、张陵山等遗址为代表。晚期以良渚、雀幕桥等遗址为代表。

良渚文化时期玉器非常发达，种类有珠、管、璧、璜、琮、蝉等。其中玉琮个体大，高达 18—23 厘米，上面雕刻圆目兽面纹，工艺精湛，是中国古代玉器中的珍品，被誉为“玉琮王”。形状为内圆外方，与古代的天地相通思想相吻合。玉器上刻有似神似兽的神人形象和神人兽合一的形象，它们可能是当时人

良渚文化文物

们的崇拜对象。玉器上的纹饰除神人兽面图像外，其他出现最多的图案是鸟。良渚文化玉器创造性的器型，为后代玉器的造型奠定了基础。

良渚文化的陶器以黑陶为特色，制作精美，有的甚至涂漆。良渚文化时期最先进的陶器制作方式是轮制，黑陶豆盘的形状有圆形和椭圆形，以夹细砂的灰黑陶和泥质灰胎黑皮陶为主。一般器壁较薄，器表以素面磨光的为多，少数有精细的刻画花纹和镂孔。圈足器、三足器较为盛行。代表性的器形有鱼鳍形或断面呈丁字形足的鼎、竹节形把的豆、贯耳壶、大圈足浅腹盘、宽把带流杯等。琮、璧一类玉器数量之多和工艺之精，为同时代其他文化所未见。石器磨制精致，新出现三角形犁形器、斜柄刀、耘田器、半月形刀、镰和阶形有段锛等器形。被发现的陶纹，透露了当时社会文明进步的信息。

良渚文化文物

良渚文化居民以农业生产为主，主要作物是水稻。据在钱山漾发现的稻谷鉴定，有粳稻和籼稻两种。在钱山漾、水田畈等遗址中还发现有花生、芝麻、蚕豆、甜瓜等植物种子，有人认为是当时的农作物，也有人对其出土层位和鉴定结果有所怀疑。农业工具

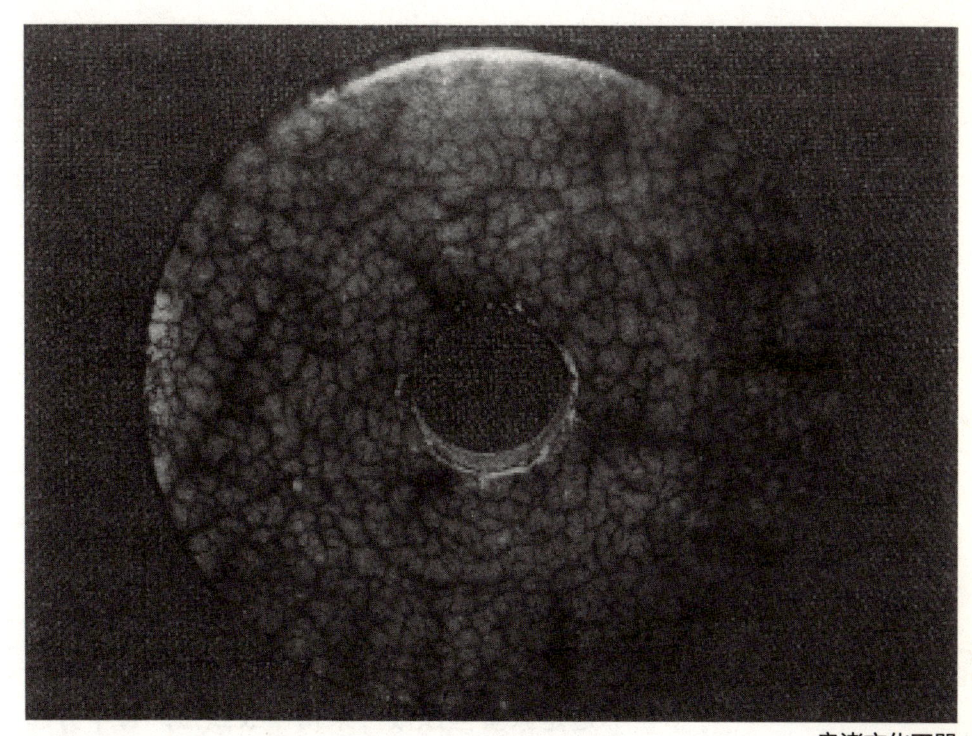

良渚文化玉器

种类较多，制作大都较精细。其中三角形犁形器，器体扁薄，背面较平，正面稍隆起，常穿有 1—3 孔，有人认为是安装在木犁床上的石犁铧。斜柄刀的器身略呈三角形，顶端有一个斜向的柄，制作较粗糙，往往仅在刃部磨光，有人认为是安装木柄后用来在土地上划出沟槽的，称为“破土器”。这两种新型工具，在良渚文化时期使用较多，对其定名和确切用途尚待深入研究。

手工纺织业也有迅速的发展。钱山漾遗址发现有国内早期的丝麻织物。残绢片经鉴

良渚文化玉器

定是家蚕丝织成，采用平纹织法，每平方厘米有经纬线各47根，丝带为30根单纱分3股编织而成的圆形带子。从现有的考古资料来看，蚕的饲养可能以太湖地区为最早。但也有人对丝织品的时代持怀疑态度。麻布片经鉴定为苎麻纺织品，也是采用平纹织法，每平方厘米经纬线一般各有24根，有的细麻布经线31根、纬线20根。这是迄今中国最早的苎麻织物。竹器的编织比较发达，制品集中发现在钱山漾遗址，共二百多件。竹篾多数经刮光，容器类的下半部使用扁篾，接近口沿部分则用较细密的竹丝。编织方法多样，

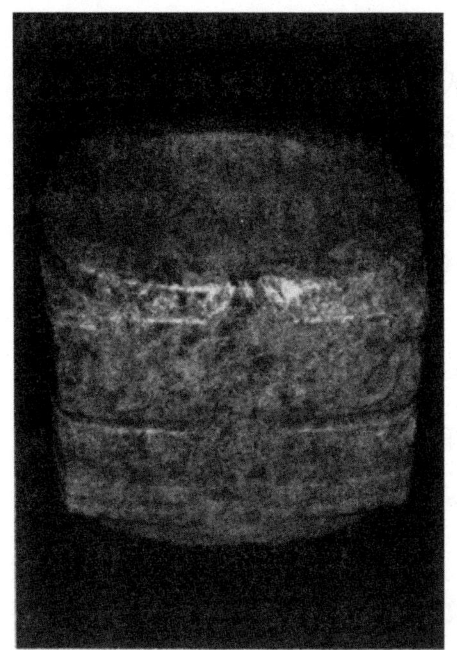

良渚文化玉器

良渚文化玉器

有呈一经一纬的人字形，也有二经二纬和多经多纬的人字形，还有菱形花格、密纬疏经的十字形等，特别是产生了梅花眼、辫子口这一类比较复杂的编织法。制品种类有捕鱼用的“倒梢”，有坐卧或建筑上用的竹席，以及篓、篮、谷箩、簸箕、箅等，较广泛地用于生产和生活方面。此外，良渚文化还有桨、槽、盆、杵锤等木器。木桨的使用，说明生活在河道纵横地区的原始居民，已有了舟楫交通工具。

良渚文化居民过着较稳固的定居生活。在钱山漾遗址发现的 3 座，其中一座东西长约 2.5 米，南北宽约 1.9 米，木桩按东西向排

良渚博物院

良渚文化遗址挖掘现场

列，正中有一根长木，似起“檩脊”的作用，其上盖有几层竹席。另一座只在东边保存下一排密集而整齐的木桩，上面盖有大幅的芦席和竹席。在吴县澄湖还发现一批土井，井底遗有多件陶器和石斧。昆山太史淀的水井还有木构井圈，系用4—5块长约2米的弧形木板凿孔连接而成。

从草鞋山、张陵山等处的地层叠压关系和器物对比分析，良渚文化是由崧泽文化演变而来的。崧泽文化的墓葬，以头向南的仰身直肢葬为主，这与良渚文化的基本一致。崧泽文化的石锛，背面逐渐出现脊线，正处于良渚文化阶形有段石锛的前一阶段。两者

良渚文化的“玉器文明”

的穿孔石斧也相似。崧泽文化的扁方侧足鼎、细高把豆、高领扁腹壶等，与良渚文化的鱼鳍形足和扁方形足的鼎、黑陶细高把豆、高领贯耳壶等有着继承关系。另外，距今五千多年的安徽含山凌家滩文化，大量的玉器体现了“玉器文明”时代，人们把玉器饰品功能转向具有社会功能，突出表现出玉礼器的作用和地位，一些玉器的形制和墓葬中大量陪葬玉器的方式同良渚文化也有着明显的前后继承关系。关于良渚文化的发展去向，马桥中层的青铜文化遗存提供了线索。马桥中层叠压在马桥下层即良渚文化晚期遗存之上，

良渚文化玉器

发现的石镰、有段石锛、三角形犁形器、斜柄刀，与良渚文化接近，而后两种石器的数量比良渚文化时期又有所增加。马桥中层的黑衣陶与良渚文化的黑衣陶存在承袭关系，两者的鼎、簋等器形也有密切的关系。至于马桥中层含有较多数量的印纹陶，目前尚无材料说明与良渚文化存在联系，其来源有待进一步研究。良渚文化与大汶口文化之间存在着相互影响的关系。有段石锛和贯耳壶，是良渚文化的基本特征之一，在大汶口文化后期阶段的遗存中有少量发现，是受良渚文化影响的产物。大汶口出土的玉笄，与良渚

马桥鸭形罐

文化的玉锥形饰可能有联系。在上海县马桥、金山县亭林等地的良渚文化遗址中，出土了数片涡纹彩陶片，可能是受到了大汶口文化的影响。马桥、雀幕桥等良渚文化遗址中出土的陶，也当与大汶口文化、山东龙山文化有关。良渚文化和山东龙山文化陶器都普遍采用轮制，黑陶占有显著的地位，盛行磨光素面陶，三足器、圈足器都很多，等等，表现出两者具有一定的共性。

## （四）马桥文化

马桥文化因为这类遗存最早发现于上海马桥遗址中层而命名。从年代上来讲，马桥文化紧接着良渚文化，但文化面貌上截然不同。马桥文化继承了少量良渚文化的文化因素，而且整类良渚文化因素在马桥文化中不占主导地位。研究成果表明，马桥文化来源于浙西南山地的原始文化，同时它还包含了山东地区的岳石文化、中原地区的二里头文化因素。对照中原地区的王朝序列，马桥文化的年代大致与中原的夏和商相当。

马桥文化的遗存在杭嘉湖地区都有分布，由于一些客观上的原因，对浙江境内的马桥文化研究不够深入。平湖地区以往曾有一些马桥文化的遗物出土，但缺乏原生的地层堆积。在后来发掘图泽遗址的过程中，除了发现了崧泽文化的堆积和良渚文化的墓地之外，重要的是发现并确认了马桥文化的堆积。图泽遗址马桥文化遗存的发现，是马桥文化考古发掘研究的一个重要收获，同时也为我们进一步研究平湖地区史前历史提供了不可多得的资料。

马桥文化有一个奇特的返祖现象：即在其他地区良渚文化晚期出现的许多耗工费时的稀世珍品，包括玉器，带细刻图案的陶器、象牙器，在马桥古文化遗址中均未发现，遗存只是些粗陋的陶器杂件。同时，作为马桥

马桥文化出土的文物

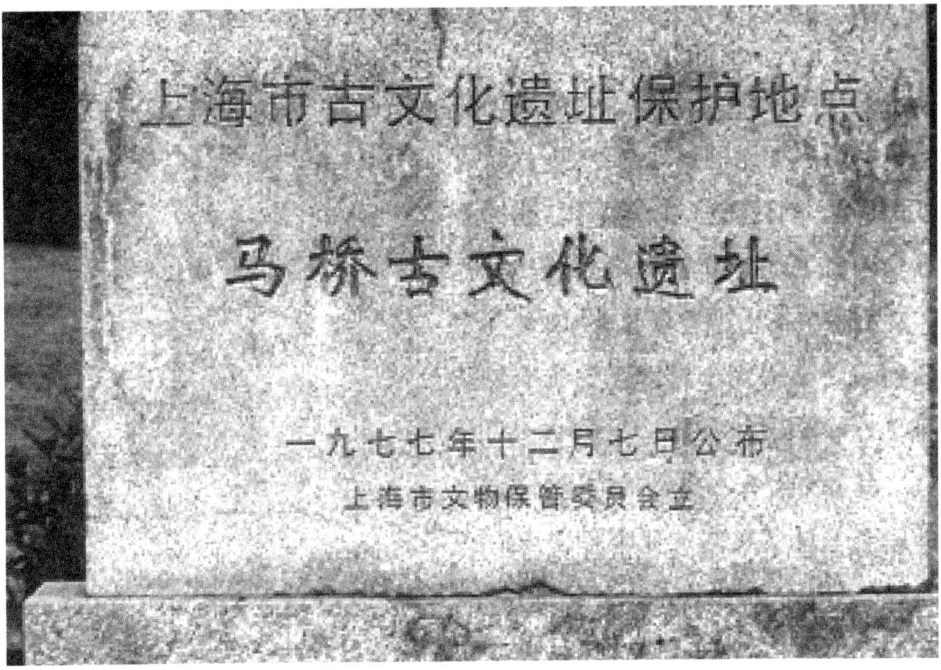

马桥古文化遗址

文化原始文字的形器结构和表意方式，比上距千年的良渚文字更为简单。这种现象，考古界认为除社会发展因素外，很大程度是受生态环境的影响。新石器晚期气候变暖，海平面上升，致使发生一次大规模的海浸。沿海先民不得不离开故土，远走他乡。这一地区众多聚落荒废，人大批死亡，造成马桥文化突然衰落，与良渚文化风格传统渊源相中断。

黄陶条格纹罐

# 三、吴越文化的民俗文化

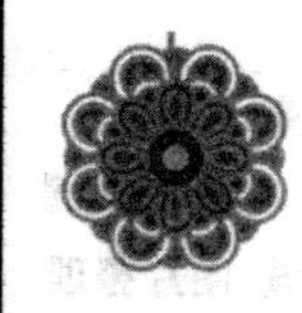

## （一）传说故事

### 1.梁祝传说

梁祝传说在中国家喻户晓，在世界范围内也已广泛流传。梁祝传说可以说是东方的“罗密欧与朱丽叶”。然而，同样体现了人类对爱情的忠贞精神的“梁祝”，不但比“罗朱”早了上千年，故事内容也曲折生动得多。

故事表现一对青年男女在封建制度下未能结合含恨而终的婚姻悲剧。梁祝传说最早的记载见于初唐梁载言的《十道四蕃志》。第一次记下“义妇祝英台与梁山伯同冢”的事。晚唐张读的《宣室志》记载了这个故事的全貌，名为《义妇冢》。明代冯梦龙的短篇平话集《古

梁祝传说在中国家喻户晓

梁祝传说表演

今小说·李秀卿义结黄贞女》中也有梁祝故事，写到梁祝死后化蝶。

据专家考证，梁祝传说起源于一千六百多年前的浙江省宁波鄞州。越州有一女子祝英台，喜欢吟读诗书，一心想出外求学，但是当时的女子不能在外抛头露面，于是就和丫头银心乔装成男子，前往杭州读书。二人在半途遇见了也要前往杭州念书的芜州书生梁山伯及书童士久，梁山伯和祝英台二人一见如故，遂义结金兰，一同前往杭州。

在杭州三年间，梁山伯和祝英台形影不离，白天一同读书、晚上同床共枕，祝英台

梁祝传说表演

内心暗暗地爱慕梁山伯，但梁山伯个性憨直，始终不知道祝英台是女儿身，更不知道她的心意。有一次清明节放假、二人去西湖游玩的时候，祝英台借景物屡次向梁山伯暗示，可是梁山伯根本不明白，甚至取笑祝英台把自己比喻成女子，最后祝英台只得直接向梁山伯表示，梁山伯这才恍然大悟。可是这件事全被在一旁偷看的马文才得知，马文才也知道祝英台原来是个女的了。

后来家人写信催祝英台回家，临走前，祝英台留一封信告诉梁山伯“二八、三七、四六定”，意思是要梁山伯十天后去祝府提亲。但是梁山伯却以为是三个十天加在一起，所

梁祝传说表演

以一个月后才去提亲。等到梁山伯欢欢喜喜赶到祝家时，才知道马文才已经抢先一步提亲，并且下了聘礼，梁山伯只得心碎地离开，祝英台沿路相送、难舍难分。

梁山伯回家后，相思病重，写信向祝英台表示对病情的绝望，同时希望祝英台能前来探望。祝英台则回信告诉梁山伯，今生无缘，只希望二人死后可以一起安葬在南山。后来梁山伯病逝，祝英台假意应允马家婚事，但是要求迎亲队伍必须从南山经过，并且让她下轿祭拜梁山伯。当祝英台下轿拜墓时，一时之间风雨大作、阴风惨惨，梁山伯的坟墓竟然裂开，祝英台见状，奋不顾身地跳了进去，

坟墓马上又合起来，不久，便从坟墓里飞出一对形影相随的蝴蝶……

峨眉山风光

梁祝传说富有江南地方特色，清风杨柳，缠绵悱恻。这种柔美的艺术形式，反映了江南百姓的审美心理特点，也显示出梁祝传说产生的地域环境特色，奇丽的情节结构体现了人类对于爱情的忠贞。梁祝传说在流传过程中被鼓词、故事、歌谣、传奇、木鱼书、戏剧、曲艺、音乐等艺术形式接受，从而使梁祝传说在民间广为流传，成为中国最具辐射力的口头和非物质文化艺术，并形成了庞大独特的梁祝文化。久而久之，梁祝传说已衍化为宁波鄞州当地的民俗文化、婚俗文化等。梁祝传说已被联合国教科文组织申报世界非物质文化遗产。

2. 白蛇传说

峨眉山是座仙山。山上古木参天、云烟缭绕，很多生灵在山上修炼，取天地灵气，收日月精华。东山峰上，有条白蛇在修炼；西山峰上，有只癞蛤蟆在修炼。这天，白蛇把仙丹吐上了天，癞蛤蟆也把仙丹吐上了天，于是，两颗仙丹碰在了一起，白蛇的根基比癞蛤蟆深，一下子把癞蛤蟆的仙丹给吸去了，从此他们两个成了冤家对头。白蛇一下变成了人形，癞蛤蟆没了仙丹，不能在这里修炼了，就偷偷逃到了西天佛国。一天，佛祖说："念你在这安分守己，如今派你到东土去，镇江金山寺正缺个当家的和尚，赐你一个法号，就叫法海吧！"法海领了三样法宝，便去金山寺做了当家和尚。其实，癞蛤蟆是假装老实，他骗走佛祖的三样宝贝，溜到人间去找白蛇娘娘报私仇去了。

再说，白蛇拜黎山老母为师，跟师傅又修炼了数千年。一天，白娘子和小青赶到杭州城，找到了当年的恩人许仙，白娘子和许仙结成了一对恩爱夫妻。后来，白娘子和许仙迁居到镇江，开了个保和堂药店，两人恩

白蛇传塑像

杭州西湖断桥

恩爱爱，日子过得甜甜蜜蜜。当时，镇江正闹瘟疫，很多人都得了急症。白娘子驾云飞到百草山，很快采满了一篓子草药。保和堂药店门口，摆起大缸，装满了汤药，治好了很多人的疾病，救了不少人的性命。这件事却触犯了金山寺的长老法海和尚。本来百姓有病，总会跑到金山寺找法海和尚画个符、念个咒，弄点什么“灵丹妙药”，少不得要给香钱的；不想如今有了病，都往保和堂跑了，香钱收不到了。再仔细一打听，原来这件事情是冤家对头白娘子作出来的，他更恨了。他下了决心，闭着眼睛，捻着那挂佛珠，想

白蛇传雕刻

出一条毒计。端午节到了，家家户户门上插菖蒲艾草，人人喝点雄黄酒，辟辟邪气和蛇虫百脚。小青根基差，白娘子怕她被雄黄酒伤害，叫她躲进了深山。中午，许仙死缠硬拉，一定要白娘子陪他吃雄黄酒。原来那日法海在金山寺一口咬定白娘子是蛇妖，告诉许仙要她端午节喝雄黄酒，她要是喝了，就会现出蛇形来。许仙一直疑惑不已，所以端午节他想试试。白娘子只好依仗着自己的根基好，勉勉强强喝了半杯。雄黄酒酒性药性一并发作，白娘子心里着实难过，她躺在了床上。

过了一会儿，许仙也想上床休息，他把半边帐子一掀，看见一条白蛇挂在帐檐下面，许仙吓得“咚”地一倒，昏死过去。午时一过，白娘子雄黄酒性过了，一看许仙死了，晓得是被自己现了原形吓得。于是，她克服了重重困难，从昆仑山取来了能够起死回生的灵芝草，救活了许仙。许仙刚刚病好，法海又花言巧语把他骗上金山寺，使夫妻分离。白娘子前去索夫，水漫金山后，与许仙断桥相遇，和好团圆。法海再度前去破坏，将白娘子镇于雷峰塔下。

白蛇传说最初起源于民间发现巨蟒的传闻，并受到唐传奇《白蛇记》的一定影响，

白蛇传雕刻

白蛇传雕刻

还吸收了一些金山原有的僧龙斗法传说。《西湖三塔记》中进一步反映了白蛇故事的梗概，故事被加上了人妖不可共居的色彩。明末冯梦龙所编《警世通言》中收有《白娘子永镇雷峰塔》的通俗小说倾向也是如此。清代初年的《雷峰塔传奇》，减弱了白蛇的妖气，突出了她坚决追求爱情的勇敢性格。故事的主要矛盾，转变成白蛇与法海之间的矛盾，具有一定的反封建意义。《义妖传》和《白蛇宝卷》也表现了同一倾向，其中法海成为干预和破坏幸福婚姻的恶势力代表。白蛇传说进入戏曲以后，情节更为丰富，人物性格也更加丰

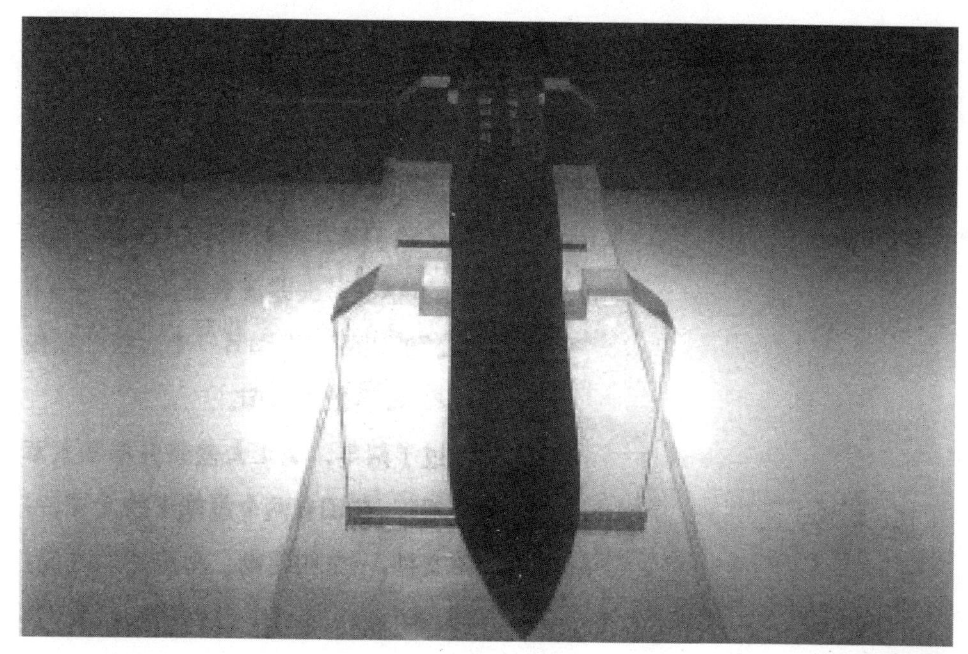
越王勾践佩剑

满。白蛇传说从最初的雏形发展到基本定型，其中既有民间文学自身的流传变化，也接受了说唱、小说、宝卷、戏曲等俗文学的影响。白蛇传说作为我国四大民间传说之一，在全世界有着很大的知名度和影响力。

3. 卧薪尝胆

吴王阖闾打败楚国，成了南方霸主。吴国跟附近的越国素来不和。公元前 496 年，越国国王勾践即位。吴王趁越国刚刚遭到丧事，就发兵攻打越国。吴越两国发生一场大战。吴王阖闾满以为可以打赢，没想到打了个败仗，自己又中箭受了重伤，再加上上了年纪，回到吴国，就咽了气。吴王阖闾死后，儿子夫差即位。阖闾临死前对夫差说：“不要忘记报越国的仇。”夫差记住这个嘱咐，叫人经常提醒他。他经过宫门，手下的人就扯开了嗓子喊：“夫差！你忘了越王杀你父亲的仇吗？”夫差流着眼泪说：“不，不敢忘。”他叫伍子胥和另一个大臣伯嚭操练兵马，准备攻打越国。

过了两年，吴王夫差亲自率领大军攻打越国。越国有两个很能干的大夫，一个叫文种，一个叫范蠡。范蠡对勾践说：“吴国练兵快三年了，这回决心报仇，来势凶猛。咱们不如守住城，不要跟他们作战。”勾践不同意，也发大军去跟吴国人拼个死活。两国的军队在

勾践塑像

太湖一带打上了。越军果然大败，越王勾践带着五千残兵败将逃到会稽，被吴军围困起来。勾践毫无办法，他跟范蠡说："懊悔没有听你的话，弄到这步田地。现在该怎么办？"范蠡说："咱们赶快去求和吧。"勾践派文种到吴王营里去求和。文种在夫差面前把勾践愿意投降的意思说了一遍。吴王夫差想同意，可是伍子胥坚决反对。文种回去后，打听到吴国的伯嚭是个贪财好色的小人，就把一批美女和珍宝，私下送给伯嚭，请伯嚭在夫差面前讲好话。经过伯嚭在夫差面前一番劝说，吴王夫差不顾伍子胥的反对，答应了越国的求和，但是要勾践亲自到吴国去。文种回去向勾践报告，勾践把国家大事托付给文种，自己带着夫人和范蠡到吴国去。勾践到了吴国，夫差让他们夫妇俩住在阖闾大坟旁边的一间石屋里，叫勾践给他喂马，范蠡跟着做奴仆的工作。夫差每次坐车出去，勾践都给他牵马。

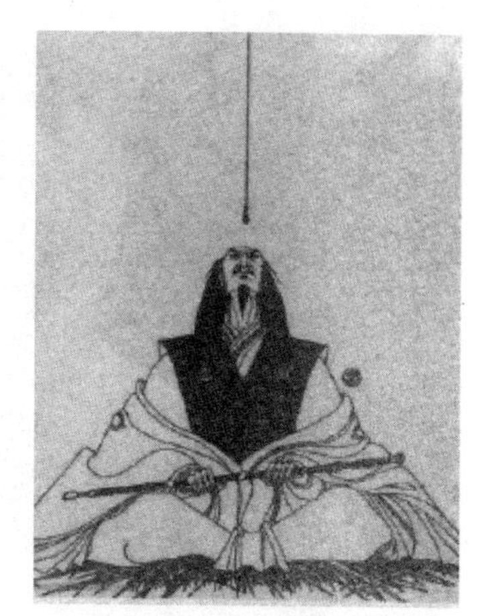

勾践卧薪尝胆

为奴三年后，夫差生病。范蠡抓住良机，让勾践为夫差尝粪而寻找病源，此举彻底感化了夫差，从而释放了勾践。勾践回到越国后，立志报仇雪耻。他唯恐眼前的安逸消磨了志气，在吃饭的地方挂上一个苦胆，每逢吃饭

绍兴西施塑像

的时候，就先尝一尝苦味，还自问：“你忘了会稽的耻辱吗？”他还把席子撤去，用柴草当做褥子，表示不忘国耻，不忘艰苦。经过十年的积聚，越国终于由弱国变成强国，最后打败了吴国，吴王羞愧自杀。

4. 西施传说

西施，名夷光，春秋时期人，约于公元前 506 年出生于诸暨苎萝山麓苎萝村，天生丽质。公元前 494 年，越国被吴国战败，越王勾践释归回越后，卧薪尝胆，奋发图强。约在公元前 490 年，国难当头之际，西施忍辱负重，以身许国，与郑旦一起由越王勾践献给吴王夫差，成为吴王最宠爱的妃子。西施把吴王迷惑得无心国事，为勾践的东山再起起了掩护作用。范蠡辅佐越王十年卧薪尝胆，于公元前 473 年，越王终将吴国打败。

“西施传说”源于民间口头流传，后又记载于历代经典，两者相辅相成，经典采择了民间传说，民间传说又从经典中汲取了营养。《墨子》《庄子》《孟子》《韩非子》《淮南子》等都有关于西施的记载，汉袁康的《越绝书》和赵晔的《吴越春秋》，则有了详尽的介绍。至元代开始有剧作家编写杂剧演出，如关汉卿《姑苏台范蠡进西施》、赵明远《陶朱公范

西施故里

西施故里

蠡归湖》等，但传说的真正大盛时期是在明代。著名昆曲家梁辰鱼根据西施传说编写的昆曲传奇剧《浣纱记》可谓是当时的代表作。至此，西施的形象已基本定型。与前人不同的是，该剧首先将西施、范蠡的爱情故事与爱国主义有机地结合了起来，成为后代大量以西施为题材作品的范本。“西施传说”也成为历代骚人墨客题咏的最佳题材之一。李白的“西施越溪女，出自苎萝山。秀色掩今古，荷花羞玉颜”、苏轼的“欲把西湖比西子，淡妆浓抹总相宜”等诗句，脍炙人口，可谓妇孺皆知。

“西施传说”以“美”和“情”为中心，西施的美貌及甘愿奉献是传说的文化精神内核，它根植于民间，流传于民间，因此更具有民间传说的原生性特点。民间在传说的过程中，将许多美好的希望、祝福和信仰糅合在传说中，使西施的形象越来越丰富，越来越美丽。同时，纵向传承和横向流传，使得传说的流传范围更为广泛。在某种意义上说，西施传说就是吴越文化的一个缩影。西施传说主要有以下几方面内容：一是人物传说，这一类是“西施传说”的主要内容。它以西施一生的大量传说为枝干，在此基础上生发出一系列的人物传说，如范蠡、东施、郑旦、

西施故里诸暨风

勾践、夫差、伍子胥等人的传说。有《沉鱼之美》《西施三吟》《玩月池》《西施对诗》以及《朱元璋题诗》等，这类传说大多是围绕西施的生活与命运展开；既有国恨家仇，亦有男情女爱，乃至渔樵耕读等等，内容最为广泛。二是地名传说。其中最脍炙人口的是《白鱼潭》，从这则传说里演化出了成语“沉鱼之美”，这一类传说还有《金鸡山》《浣纱石》《四眼井的故事》等。流传在外地的有德清的《西施画桥》、嘉兴的《学绣塔》《语儿亭》，以及苏州的《两笑半》《一箭径》等。三是物产传说。诸暨的不少特产都和西施传说有关，如《香榧眼》《麦草扇》以及《苎麻的传说》等。嘉

西施故里诸暨风

西施塑像

兴流传着的《西施与槜李》和在山东流传的《西施舌》，也是这一类传说。四是风俗传说。这类传说以各地风俗习惯为载体，如《西施送蚕花》使当地的老百姓将西施作为蚕花娘娘来崇拜纪念。最有代表性的则是《三江口水灯》，它讲述了西施入吴时，船过三江口适逢晚上，当地村民点燃禾草投入江中，为这位"为国甘献身"的美人照明，后来为纪念西施年年放水灯。至今，农历七月半诸暨三江口一带仍然有放水灯的活动。

"西施传说"虽然分类众多，但有一点是共同的，那就是所有的西施传说都从不同角度歌颂了西施的美丽、善良和献身精神，表达了百姓对这种精神的崇敬。“西施传说”褒扬真善美，崇尚英雄主义和献身精神，表达了人民积极向上的精神追求。2006 年，“西施传说”列入首批国家非物质文化遗产名录，它必将对古越优秀文化传统的继承和弘扬产生积极的影响。

## （二）风俗文化

《隋志》记载古老的吴越民族曾“水行山处，断发文身，以楫为马，往若飘风，去则难从”。“江南之俗，火耕水耨，鱼稻富饶，不忧饥馁，信鬼神，喜淫祀”。就是说吴越民族是一个喜祭祀的民族，他们在一年四季的

吴越民族对稻米有一种依恋和崇拜

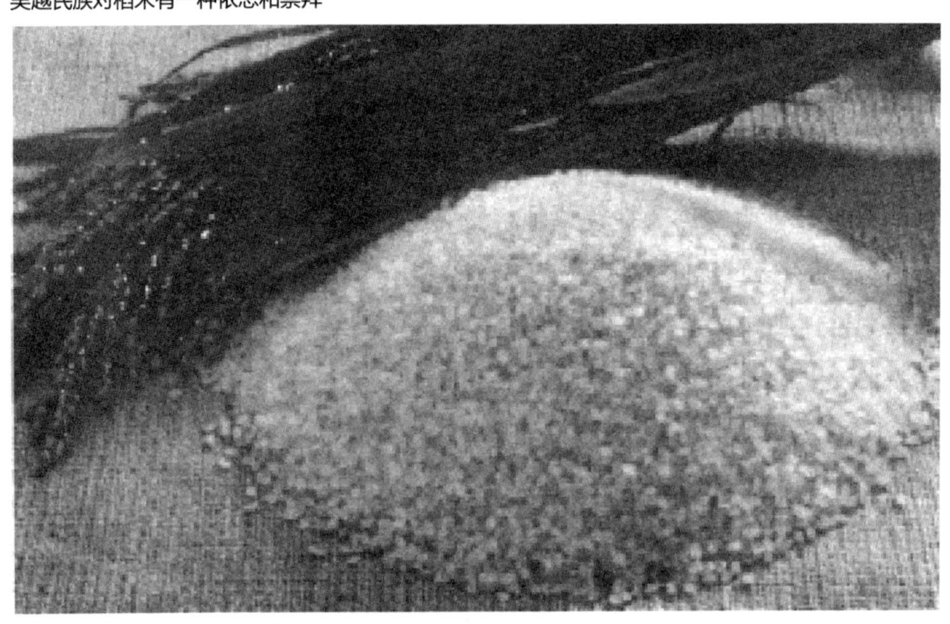

许多祭祀活动中形成了自己独特的民风民俗。吴越是最先驯服野生稻的民族，故他们对稻米有一种依恋和崇拜，在众多的祭祀活动中，稻米地位极高：从大年初一用甜汤圆祭祀天地始，正月十五用元宵，二月百花节用生米，三月清明用团子，五月端午用粽子……一直到年三十用米饭祭祀年为止，四时八节大小祭祀中的供品均少不了谷、米或用米做的食品。婚丧嫁娶是人生大事，喜祭祀的吴越民族必大祭祀。在这类重大的活动中稻米是作为重要供品上祭台的。就以婚事为例，新郎新娘在拜天地时，正中要放上一只五谷盘，盘的中间放的就是稻谷，四周散放麦、豆等。

米饭祭祀

五谷杂粮

以产水稻为主的吴越之地，从春耕播种到插秧施肥，再到秋收冬藏，每一道工序都有一次或简或繁的祭祀仪式，其中以插秧为最：插秧开始被称为开秧门，从开秧门这一天起，除了祭祀地母和祖宗，家中、田头不准讲淫秽的话，夫妻不能同房谓“秧门开，床门关”。在插秧时忌将秧插入捆秧的黄稻草中谓“儿欺娘，遭雷打”，等等。

在举行上面这些祭祀活动时，吴越民族并不讲究烦琐的礼节，都是以礼到、心到为止。并没有像中原民族那样按部就班，一丝不苟，那祭祀的供品中除了稻米以外，其余也是有什么放什么，谓“随花凑”。这种祭祀方法体现出吴越民族那种散漫和随意的性格。

从对水稻的依恋和崇拜延伸开来的还有：对鸟的崇拜，这里有鸟从天上衔来稻种的传说，有对鸟的爱护，特别是对燕子，家家以有燕子前来筑窝为荣，有许多燕子与人的传说。对蛙的崇拜，蛙类中以青蛙和蟾蜍为最，民间有人蛙结亲的传说，有以保护蛙类为目的的儿歌、民谣。水稻的种植以土为本，所以吴越民族在祭祀土地公、婆以外，还有田公、田婆的祭祀。各村各地的土地公、婆都是当地人自封的，都是生前有益于公众的人物，他们的庙也都设在村头或路边。至于田

水稻

公、田婆是不设庙的，对土地公、婆和田公、田婆的祭祀并不按时论节，也不太讲究供品，只以香烛为主。对水神的崇拜，水稻以水为主，江南又多水患，所以吴越民族从断发文身防水开始，有对水的一系列祭祀和禁忌，一个“哇哇”落地的婴儿，从到河边去打水花始到人死后，要亲属为他去向神买水入殓为止，一辈子不知有多少与水神相关的活动。吴越人说“宁可无饭，不可没水”。有人说吴越人性格纤细而敏感，是以心灵和情感生活的民族，这一点在风俗民情中体现得最为明显。如以上的对鸟也好，对蛙也罢，对土地公、婆和田公、田婆也是，对水神也一样，每次祭礼

五谷米饭

断发文身壁画

都是以心到情到为止，吴越人对神也是那么随意、洒脱。

1. 断发文身

所谓断发，是剪短前额的头发，于脑后束髻；文身则是在身上用针或石块等刻画花纹，涂以色料。对于中原人士来说，“断发文身”可说是吴越人最突出的标志。《左传》记载吴国的始祖，亦即周文王的伯父泰伯，迁徙到吴地后，即断发文身以示从俗。越国人亦有类似记载，《墨子》便说越王勾践是断发文身的。越国使者诸发出使梁国时，更因越人断发之俗与中原礼仪不合，而和梁臣韩子辩争。

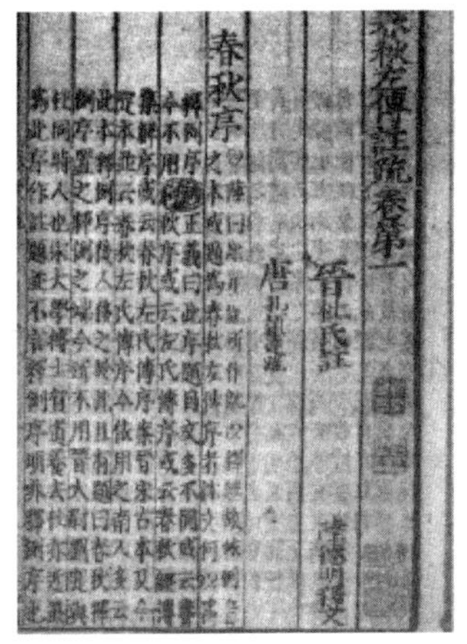

《春秋左传注疏》

吴越地区出土的文物中，有不少文身束髻的人像，正是这种吴越风俗的反映。文身“越以之为求荣也”，“文身断发，以避蛟龙之害”等，《汉书·地理志》《淮南子·傣族训》等最为典型。根据文化功能说，研究者展开了种种合理的解释，有人认为断发文身是为了装饰的美饰说，有人认为是表达尊贵的尊荣说，有人认为是为了拔除不祥的巫术说，有人认

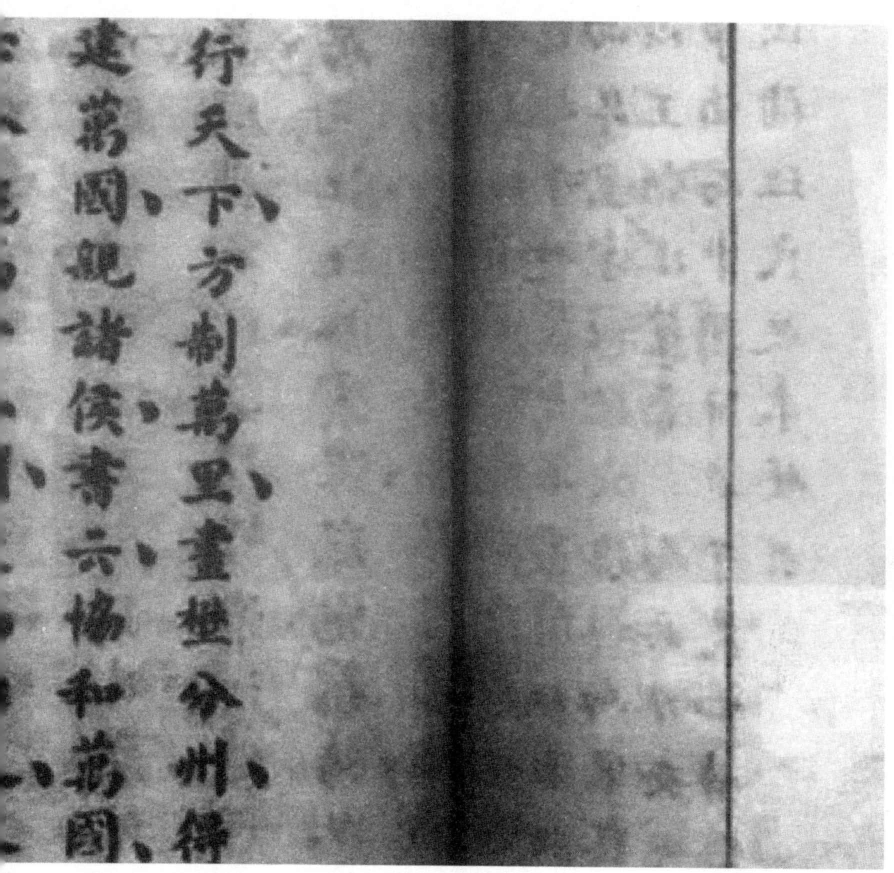

行天下、方制萬里、畫壄分州、得
建萬國、親諸侯、書云、協和萬國、

《汉书·地理志》

为是保护生命不被动物侵害的避害说等等，还有人认为断发文身习俗是一种古老的成人礼习俗及其标志的遗存。所谓成人礼，是一种关于接纳部落成员，并以某种特殊形式来完成仪式的习俗，其本质是在于通过仪式证明某人已经成年，具有了部落成员拥有的一切权力，尤其是婚姻性关系的权力。成人礼作为一种具有显著民族特点的风俗习惯，曾毫

七巧节

不例外地在世界各民族的社会历史的发展过程中存在过，只是因为地理环境、气候条件的不同，以及民族、部落间的历史文化现实的差异，产生了不同的成人礼仪式。

2. 七巧节

也称乞巧，这是一个以女性为主的节日。吴越民族女性的心灵手巧之艺在这一天可谓是登峰造极。有姑娘小媳妇的家门前挂满了手工制作的鞋子、荷包、手绢、袜子等等，上面做工精细、栩栩如生的花朵蜂蝶，真是让人惊叹。特别是那些送给坑姑娘（一位神名）的鞋，小到只能放进一个手指。这些手工制品也充分体现了吴越民族女性的那种精细、聪慧的性格。

3. 蚕花节

这是在养第一批春蚕前，姑娘小媳妇们到街上走一走，买一点生活和劳动用品，因为进了蚕房后，她们将与蚕宝宝们一起度过整整一个季节。与她们相应出街的还有那些年轻小伙子和男人们。在这个节日里，男男女女拥拥挤挤、嘻嘻哈哈地在街上行走，人越多的地方越有人去，所谓“挨蚕花”，说是这么一挨，可以使蚕业兴旺，不生虫害。蚕花节如一个集市，各地不等，有三天、五天，也有七天的。这样的风俗节，充分体现了吴越人那种喜欢人与人之间轻松愉快相处的性格。

悬棺

4. 丧葬习俗

吴越的丧葬习俗与中原华夏、长江中游的楚等比较，在葬制和葬法上具有鲜明的地方特色，其中尤以土墩墓葬和悬棺葬最具代表性。土墩墓葬是吴越地区最具代表性的一种葬法，其历史可以追溯到良渚文化时期。土墩墓可分为两种形式，一种为一墩一葬，即一墩只埋一人，这种数量不多，其墓主应

悬棺

是贵族。另一种是属平民的一墩多葬墓，占总数的 80% 左右。这种土墩墓不论大小，均不用木质葬具。悬棺葬是悬棺于悬崖峭壁上或岩壁洞穴的一种葬俗，这种葬法在越地最为盛行。这种悬棺的方式可分为三个类型：在岩壁上凿孔，楔入木桩，架棺其上；利用天然岩穴，将棺木半置穴内半露于外，有的全置穴内；利用两个岩壁间的缝隙之处，放置棺木，在露天之下。

# 四、吴越文化的语言戏曲文化

## （一）语言文化

### 1. 吴语

吴语形成的历史可以追溯到春秋战国时代。那时江南一带民间通行百越语，在古汉语的不断冲击、覆盖下逐渐形成古吴语，六朝民歌及笔记小说里可以见到其踪迹。吴越地区在春秋时诸侯国的主体民族为百越人（属侗台语族）。吴为越并，语言并无变化。越后又为楚国所灭，吴地被列为三楚之一的东楚内。这表明是楚人给吴越地区带来了华夏语基础。楚语正式进入吴越是公元前 333 年由楚灭越开始，楚人几十年的统治形成当地发展汉语的条件，楚语在吴语的形成中起过重要作用。吴语的形成除结合古越语底层外，

乌镇风光

吴歌民谣成为吴地民歌的重要组成部分

汉语方面可能由楚与中原话两源融合而成吴楚之音。元末明初的《南村辍耕录》是一部较早以民间射字游戏记录吴语音系的文献。从明朝冯梦龙辑编的《山歌》可以看出，当时的吴语词汇、语法已经基本奠定了今天的轮廓。

2. 吴歌

吴歌，是文学史上对吴地民歌民谣的总称，是吴文化的重要组成部分。吴歌是吴语方言地区广大民众的口头文学创作，发源于江苏省东南部，苏州地区是吴歌产生发展的

西塘景色

中心地区。吴歌口口相传，代代相袭，具有浓厚的地方特色，以表现男女爱情为主。吴歌历史源远流长。传说殷商末年，周太王之子泰伯从黄土高原来到江南水乡，建了句吴国并“以歌为教”，从那时算起，吴歌已有三千多年的历史。

民间歌曲包括“歌”和“谣”两部分，“歌”一般来说就是唱山歌，也包括一些俗曲，“谣”就是通常说的“顺口溜”。吴歌和历代文人编著的诗、词、歌、赋不同，是下层人民创造的俗文化，是民间的口头文学创作，主要依靠在民间口口相传，代代承袭，是带有浓厚

乌镇渔民

民族特色和地方色彩的民间韵文形式。吴歌里又有“命啸”“吴声”“游曲”“半折”“六变”“八解”六类音乐，其中后三类是汉代以来有的。此外还有“神弦曲”，这是当地的民间祭祀乐歌。“吴声”中有一种依据旧曲而创新的编曲手法，称之为“变”。

江南水乡吴文化地区孕育的吴歌，有其鲜明的特色，自古以来，通常是用委婉清丽、温柔敦厚、含蓄缠绵、隐喻曲折来概括它的特点。区别于北方民歌的热烈奔放、率直坦荡、豪情粗犷、高亢雄壮。吴歌具有浓厚的水文化特点，和耸立的高山、宽阔的草原不

乌镇的清晨

同，它如涓涓流水一般，清新亮丽，一波三折，柔韧而含情脉脉，和吴侬软语有相同的格调，有其独特的民间艺术魅力。

中国传统民间文化是世界文化宝库中的一部分，吴歌如今也逐渐引起西方学者的重视。2006 年 5 月 20 日，吴歌经国务院批准列入第一批国家级非物质文化遗产名录，申报城市为江苏省苏州市。2007 年 6 月 5 日，经国家文化部确定，江苏省苏州市的陆瑞英和杨文英为该文化遗产项目代表性传承人，并被列入第一批国家级非物质文化遗产项目 226 名代表性传承人名单。

### 3. 唐诗之路

自古城绍兴出发，由镜湖向南经曹娥江，沿江而行，入浙江名溪到剡溪，溯江而上，经新昌沃江、天姥，最后至天台山石梁飞瀑，全长约190公里，所及面积达2万多平方公里。千余年来，众多文人墨客被这条路上千岩竞秀、万壑争流、村野牧歌、清流舟筏的景色所陶醉，一路载酒扬帆，击节高歌，留下了大量脍炙人口的名篇佳作，世人便将其命名为“唐诗之路”。

据史书记载，唐代有12位诗人到过剡中，游历过这条风景线。“初唐四杰”的卢照邻、

唐诗之路

骆宾王；“饮中八仙”的贺知章、崔宗之；“中唐三俊”的元稹、李绅、李德裕；“晚唐三罗”的罗隐、罗邺、罗虬以及孟浩然、崔颢、王维、贾岛、杜牧等，无不在这条路上留下足迹和诗章，从而在这条路上形成了任何地方都不可替代的文化积淀。诗仙李白畅游了这条古道后，被沿途的旖旎风光所陶醉，高歌“此行不为鲈鱼鲙，自爱名山入剡中”，“我欲因之梦吴越，一夜飞渡镜湖月”等神采飞扬的诗句。在李白游天台数年之后，诗人孟浩然又沿曹娥江、剡溪再登天台山，写下了《舟中晓望天台》。杜甫 20 岁时就入台越两地，

唐诗之路

游居忘归达四年之久，高吟“剡溪蕴秀异，欲罢不能忘”。足见当年诗人对这道被后人称之为“唐诗之路”风景线的眷恋之情。

唐诗之路赢得了唐代诗人的青睐

这条古道何以赢得唐代诗人的青睐？原来浙东会稽、四明、天台三大名山在此盘结，其间百溪清流环绕，奔腾有声，汇为剡溪。剡溪清澈见底，两岸风光如画，宛如世外桃源。天台山自古便是名山仙境，沿途有许多美妙动听的神话传说。唐代诗人偏爱漫游剡中，主要是追慕魏晋遗风与汉前文化乃至史前传说。出新昌县城东行 12 公里，即为幽静秀丽的沃洲湖。818 公顷的辽阔水面，能蓄水 1.86 亿立方米，四周青山掩映，绿洲点缀。沃洲湖以沃洲山得名，曾有竺道潜、支遁等 18 位高僧，王羲之、孙绰等 18 位名士雅集于此，沃洲成为浙东的佛学中心，并留下支遁岭、养马坡等胜迹。沃洲东南有山，山峰下有一洞，门悬飞瀑，曰水帘洞。洞外飞瀑自 30 多米的高处落下，随风飘洒，如珠帘垂挂。朱熹诗赞：“一片水帘遮洞口，何人卷得上帘钩。”与沃洲山遥遥相对的是天姥山。志载：“脉自括苍至关岭入界，层峰叠嶂、千态万状。”李白一首《梦游天姥吟留别》，使天姥山蜚声天下，他所描述的天姥烟雨、海日、清猿、天鸡、

熊咆、龙吟、云裙、霞衣的梦幻景色，至今仍吸引着中外游人。除大佛寺、穿岩十九峰、沃洲湖三个省级风景名胜区外，新昌还有小将林场天然森林公园、沙溪镇三井龙潭、儒皆镇万马渡奇观等等，或幽或险或奇，令人赞叹。

近年来，这条“唐诗之路”已引起海内外学者专家的关注，他们纷纷前往考察。“唐诗之路”已成为一道迷人的人文与自然景观相结合的风景线。

## （二）戏曲文化

### 1. 昆曲

昆曲形成的历史可谓源远流长，它起源

昆曲《牡丹亭》

于元朝末年的昆山地区，至今已有六百多年的历史。它与起源于浙江的海盐腔、余姚腔和起源于江西的弋阳腔，被称为明代四大声腔，同属南戏系统。是我国古老的戏曲声腔、剧种，原名“昆山腔”或简称“昆腔”，清朝以来被称为“昆曲”，现又被称为“昆剧”。昆曲的伴奏乐器，以曲笛为主，辅以笙、箫、唢呐、三弦、琵琶等。宋、元以来，中国戏曲有南、北之分，南曲在不同地方唱法也不一样。元末，顾坚等人把流行于昆山一带的南曲原有腔调加以整理和改进，称之为“昆山腔”，为昆曲之雏形。明朝嘉靖年间，杰出的戏曲音乐家魏良辅对昆山腔的声律和唱法

昆曲《牡丹亭》

昆曲《长生殿》

进行了改革创新，吸取了海盐腔、弋阳腔等南曲的长处，发挥昆山腔自身流丽悠远的特点，又吸收了北曲结构严谨的特点，运用北曲的演唱方法，以笛、箫、笙、琵琶的伴奏乐器，造就了一种细腻优雅、集南北曲优点于一体的“水磨调”，通称昆曲。之后，昆山人梁辰鱼，继承魏良辅的成就，对昆腔作进一步的研究和改革。隆庆末年，他编写了第一部昆腔传奇《浣纱记》。这部传奇的上演，扩大了昆腔的影响力，昆腔遂与余姚腔、海盐腔、弋阳腔并称为明代四大声腔。到万历末年，由于昆班的广泛演出活动，昆曲经扬州传入北京、湖南，跃居各腔之首，成为传奇剧本的标准唱腔。明末清初，昆曲又流传到四川、贵州和广东等地，发展成为全国性剧种。昆曲的演唱本来是以苏州的吴语语音为载体的，但在传入各地之后，便与各地的方言和民间音乐相结合，衍变出众多的流派，构成了丰富多彩的昆曲腔系，成为了具有全民族代表性的戏曲。至清朝乾隆年间，昆曲的发展进入了全盛时期，从此昆曲开始独霸梨园，绵延至今六七百年，成为中国乃至世界现存最古老的具有悠久传统的戏曲形态。

昆剧行腔优美，以缠绵婉转、柔漫悠远见长。在演唱技巧上注重声音的控制，节奏速度的顿挫疾徐和咬字吐音的讲究，场面伴

昆曲《长生殿》

昆曲《长生殿》

奏乐曲齐全。昆曲的表演，也有它独特的体系和风格，它最大的特点是抒情性强、动作细腻，歌唱与舞蹈的身段结合得巧妙而和谐。昆剧的念白也很有特点，由于昆剧是从吴中发展起来的，所以它的语音带有吴侬软语的特点。其中，丑角还有一种基于吴方言的地方白，这种吴中一带的市井语言，生活气息浓厚，而且往往用的是快板式的韵白，极有特色。另外，昆剧的演唱对于字声、行腔、节奏等有极其严格的规范，形成了完整的演唱理论。

昆曲是我国传统戏曲中最古老的剧种之一，也是我国传统文化艺术，特别是戏曲艺

昆曲《长生殿》

术中的珍品，被称为百花园中的一朵“兰花”。明朝中叶至清代中叶成为戏曲中影响最大的声腔剧种，很多剧种都是在昆剧的基础上发展起来的，有“中国戏曲之母”的雅称。昆剧是中国戏曲史上具有最完整表演体系的剧种，它的基础深厚、遗产丰富，是我国民族文化艺术高度发展的成果，在我国文学史、戏曲史、音乐史、舞蹈史上占有重要的地位。

2. 越剧

越剧发源于浙东绍兴地区的嵊州，正是古之所谓越地。越剧的前身是越地的一种说唱形式——落地唱书，经过半个世纪的孕育，在 1906 年，说唱形式终于以草台班的形式开始了在越地的演出。越剧虽然生于浙东地区，但是真正的发展，由简单的草台班逐渐变得完善却是在上海。越剧在上海发展、成长，而上海文化本身就是江南文化的一部分。这些文化特质被一代一代传递、积累、保留下来，形成独特的文化生态环境。越剧产生并活跃在这样一个典型的江南文化环境中，受“气聚山川之秀，景开图画之奇”的自然环境的熏陶；与北方文化尤其是中原文化的传统、气质不同，形成其独特的风韵。一百多年来，在一代代越剧艺人及越剧表演艺术家的不懈努力下，越剧从中国戏剧百花苑中脱颖而出，

越剧《葬花》

越剧《山河恋》

成为全国第二大剧种，在国内享有很高的声誉。

越剧的审美特性是优美抒情。优美的表现形式为细致、圆润、轻盈、柔和、舒展。越剧基本风格是在女子越剧时期确立的。它表现的内容，主要是女性的生活和命运，尤其是青年人的感情。它强调艺术形象的美不仅是外部形态，而是外在美和内心美的结合。它的唱腔委婉抒情，表演重视真情实感而非严格按照程式规范。它的服饰色彩、用料、式样柔和、轻盈……显然越剧在中国戏曲中，把优美、柔美发展到充分、鲜明的程度，与

越剧《萧雅》

其他剧种形成明显的对比，这也是越剧赢得观众的原因。越剧的局限是壮美、阳刚之美不足。越剧以其婉约细致、清幽典雅的风格备受人们喜爱，是中国四大名剧之一。越剧表演极具江南地方特色。越剧善于写情，她的故事哀怨婉转，人物细腻雅致，情致曲折动人，是生于江南，开遍世界的艺术奇葩。

# 五、吴越文化的师爷文化

举人牌匾

清代书桌

师爷又称幕友、幕宾、幕客等，是人们对于作幕之人的一种俗称。清代官署中的幕僚，由于绍兴籍人比较多，所以就有绍兴师爷的说法。绍兴师爷是封建官署中对绍兴籍幕僚之专称，始于两汉以前，盛于明、清，没落于辛亥革命前后，是地域性、专业性极强之人才群体。古代将帅出征，以“帐篷”（幕）为办公、生活的场所，这种“官衙”也叫幕府。在幕府里协助主帅工作的人员，就是所谓的幕僚。以后相沿成习，幕府成了各级军政官署的代称。而所谓幕僚者，乃是统称，根据不同的工作性质，所起的作用，又可细分为“幕僚”“幕宾”“幕友”。仆从们称主政官员为“老爷”，称幕僚为“师爷”，是一种比较尊敬的称呼。“师爷”之名，起于明，盛于清。师爷大都是幕主的心腹。

绍兴多师爷自有其特定的历史、地理环境与经济、文化原因。第一，绍兴历史上一直是文化之邦，人文荟萃，读书人多而能做官的毕竟有限，读书无成者，做师爷是一条出路。史书记载：顺治元年至宣统三年（1644—1911 年）绍兴学子中进士者 636 人，举人者竟达 2361 人。如此众多的士人，不可能都做官，就以做师爷为进身之途，因为当时“仕途杂

进”，师爷在作战上有功或在行政管理上有功，都可由主政官“拜表荐引”，由“佐”变“官”。第二，绍兴人处世精明，治事审慎，工于心计，善于言辞，有作为智囊之能力。正因为有此能力，受到了主政官员的器重。第三，绍兴地少人多，人口密度与土地面积严重失调，士人又自命清高，不愿为农工商贾，不得不外出壮游，寻找发展机会。第四，经济利益方面的考虑。师爷的地位特殊，待遇丰厚。师爷所交往的多为社会上层人士，在这种圈子里，自己也觉得有头有面，如徐文长就说过，师爷“处于不显不隐之间”。至于年薪收入，

清代榜单

浙江分府衙门

如果做一个塾师，年薪数十金，而做师爷则“数倍或十数倍焉”。

清朝统治者从发展生产、安定社会大局出发，改“排汉”为“融汉”。地方实力派如曾国藩、李鸿章、左宗棠、张之洞等为扩充势力，招兵买马，网罗人才，绍兴师爷也乘此用人之际，凭借自己的聪明才智纷纷进入各级政府衙门、投入封疆大吏幕下，师爷行业（幕业）为之大振。故此，清代绍兴师爷数量之多为前所未有。直到辛亥革命前后，一因政府实行“新政”精简衙门，行政官吏

衙门内举牌

衙门大堂

削减；二因诉讼案件由传统审理改为由专业司法人员审理；三因各地兴办新学，有学生一百多万人的新知识群体出现，师爷行业（幕业）才渐趋衰落。

# 六、吴越文化的建筑文化

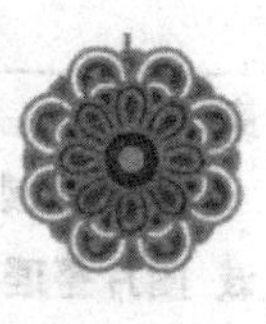

苏州园林

## （一）园林文化

苏州城历史悠久，私家园林始建于公元前6世纪，至明代建园之风尤盛，清末时城内外有园林一百七十多处，为苏州赢得了“园林之城”的称号。现存名园十余处，闻名遐迩的有沧浪亭、狮子林、拙政园、留园、网狮园、怡园等。苏州园林占地面积小，采用变幻无穷、不拘一格的艺术手法，以中国山水花鸟的情趣，寓唐诗宋词的意境，在有限的空间内点缀假山、树木，安排亭台楼阁、池塘小桥，使苏州园林以景取胜，景因园异，给人以小中见大的艺术效果。拙政园享有“江南名园精华”的盛誉。宋、元、明、清历代园林各具自然的、历史的、文化的、艺术的特色。苏州园林是文化意蕴深厚的“文人写意山水园”。古代的造园者都有很高的文化修养，能诗善画，造园时多以画为本，以诗为题，通过凿池堆山、栽花种树，创造出具有诗情画意的景观，被称为是“无声的诗，立体的画”。在园林中游赏，犹如在品诗，又如在赏画。为了表达园主的情趣、理想、追求，园林建筑与景观又有匾额、楹联之类的诗文题刻，这些充满着书卷气的诗文题刻与园内的建筑、山水、花木自然和谐地糅合在一起，使园林的一山一水、一草一木均能产生出深远的意境，徜徉其中，可得到心灵的陶冶和美的享受。

苏州园林狮子林内景

苏州古典园林历史绵延两千余年，在世界造园史上有其独特的历史地位和价值，它以写意山水的高超艺术手法，蕴涵浓厚的传统思想文化内涵，展示东方文明的造园艺术典范，实为中华民族的艺术瑰宝。1997年12月，江苏苏州古典园林被列入《世界遗产名录》。

### （二）古镇文化

#### 1. 西塘

西塘是一座已有千年历史文化的古镇，位于浙江省嘉兴市嘉善县。早在春秋战国时

西塘烟雨长廊

期就是吴、越两国的相交之地，故有“吴根越角”和“越角人家”之称。相传春秋时期吴国伍子胥兴水利，通盐运，开凿伍子塘，引胥山以北之水直抵境内，故西塘亦称胥塘。因西塘地势平坦，一马平川，又别称平川、斜塘。在唐开元年间就已建有大量村落，人们沿河建屋、依水而居；南宋时村落渐成规模，形成了市集；元代开始依水而市渐渐形成集镇，商业开始繁盛起来；明清时期已经发展成为江南手工业和商业重镇。“春秋的水，唐宋的镇，明清的建筑，现代的人”，是对西塘最恰当不过的形容。西塘与其他水乡古镇最

西塘西园一景

大的不同在于，古镇中临河的街道都有廊棚，总长近千米，就像颐和园的长廊一样。

古镇西塘，占地面积 1 平方公里，古镇区 9 条河道纵横交织，将古镇分为 8 个区块，在其中有 27 座古桥将市镇连通。古镇在春夏秋冬、晴阴雨雪的长久年代里，始终呈现着一幅“人家在水中，水上架小桥，桥上行人走，小舟行桥下，桥头立商铺，水中有倒影”的不断变幻的水乡风情画。西塘坐落在水网之中，这里的居民惜土如金，无论是商号或是民居、馆舍，在建造时对面积都寸寸计较。房屋之间的空距压缩到最小范围，由此形成了 120 多条长长的、深而窄的弄堂，长的超过百米，窄的不到 1 米，形成了多处“一线天”。与此同时，街道弄堂的名称均形象地体现出古镇商贸的繁荣和弄堂的特色，如米行埭、灯烛街、油车弄、柴炭弄、石皮弄等数十个称号与当年的商贸、建筑等都有直接的联系。

到了西塘，临河而建的沿街廊棚最为引人注目，这里的街道临河而建，商铺的生意就在河边做成。往昔，水乡农家的出行以河为道，以舟代步，许多交易只能在船上岸边进行，为此，一种连接河道与店铺又可遮阳避雨的特殊建筑——廊棚便应运而生，并代

乌镇西栅景色

乌镇白墙房屋

代传承，相沿成习。实用的廊棚是水乡特有的建筑，西塘至今保存着1300多米长的廊棚，已变成当代人赏古、探幽的休闲胜地。

由于当初西塘的通行以水路为主，外来骚扰较少，故能使西塘较完美地将古镇保留至今。西塘是一座千年古镇，历史悠久，人文资源丰富，自然风景优美，是古代吴越文化的发祥地之一，是中国首批历史文化名镇。

2. 乌镇

乌镇古名乌墩、乌戍。乌镇是河流冲积平原，沼多淤积土，故地脉隆起高于四旷，色深而肥沃，遂有乌墩之名。春秋时期，乌镇是吴越边境，吴国在此驻兵以防备越国，“乌戍”就由此而来。秦时，乌镇属会稽郡，以车溪为界，西为乌墩，东为青墩，乌镇分而治之的局面由此开始。唐时，乌镇隶属苏州府。唐咸通十三年 (872 年) 的《索靖明王庙碑》首次出现“乌镇”的称呼，此前无据，这一时期的另一块碑《光福教寺碑》中则有“乌青镇”的称呼。乌镇称“镇”的历史可能从此开始。元丰初年（1078 年），已有分乌墩镇、青墩镇的记载，后为避光宗讳，改称乌镇、青镇。1950 年 5 月，乌、青两镇合并，称乌镇，属桐乡县，隶嘉兴，直到今天。

在乌镇的布局中，由于历史上曾地跨两省（浙江、江苏）、三府（嘉兴、湖州、苏州）、

乌镇生活

七县（乌程、归安、崇德、桐乡、秀水、吴江、震泽），加之吴越文化的积累、沉淀，观念上明显受中国传统儒文化和运河商业文化的影响。儒家文化对营建中流行的风水学说等往往是排斥的，故而很少见常因风水而设的斜门歪道，为避免气冲而立的屏墙、照壁，或当路放置的“泰山石敢当”等符镇，而是多轴线明确、尊卑有序的各式住宅。另有访庐阁茶馆、高公生糟坊、宏源泰染坊等商业建筑，有着浓郁的商业氛围。这也与其他江南水乡古镇有很大的不同。

乌镇与众不同的是沿河的民居有一部分延伸至河面，下面用木桩或石柱打在河床中，

水乡乌镇

乌镇风光

上架横梁，搁上木板，人称“水阁”，这是乌镇所特有的风貌。水阁是真正的“枕河”，三面有窗，凭窗可观市河风光。水阁是乌镇的独创，是乌镇的魅力所在。碧水蜿蜒，小桥流影，橹声中看水阁画卷般在眼前徐徐展开，看水乡人在水阁中起居住行，听古镇人乡音叫唤此起彼伏。桥是江南水乡古镇不可或缺的因素，据说乌镇历史上桥梁最多时有一百二十多座，真正是“百步一桥”，现存三十多座。

具典型江南水乡特征的乌镇，完整地保

存着原有晚清和民国时期水乡古镇的风貌和格局。以河成街，街桥相连，依河筑屋，水镇一体，组织起水阁、桥梁、石板巷、茅盾故居等独具江南韵味的建筑因素，体现了中国古典民居“以和为美”的人文思想，以其自然环境和人文环境和谐相处的整体美，呈现江南水乡古镇的空间魅力。

## （三）藏书文化

天一阁属全国重点文物保护单位，坐落在浙江省宁波市月湖之西的天一街。天一阁是中国现存年代最早的私家藏书楼，也是亚洲现有最古老的图书馆和世界最早的三大家

天一阁

天一阁

族图书馆之一。天一阁之名，取义于汉郑玄《易经注》中“天一生水”之说，因为火是藏书楼最大的祸患，而“天一生水”，可以以水克火，所以取名“天一阁”。始建于明嘉靖四十年（1561年），由当时退隐的兵部右侍郎范钦主持建造。范钦平生喜欢收集古代典籍，后又得到鄞县李氏万卷楼的残存藏书，存书达到了七万多卷，其中以地方志和登科录最为

天一阁东门

珍稀。乾隆三十七年（1772 年），下诏开始修撰《四库全书》，范钦的八世孙范懋柱进献所藏之书 638 种，于是乾隆皇帝敕命测绘天一阁的房屋、书橱的款式，兴造了著名的“南北七阁”，用来收藏所撰修的七套《四库全书》，天一阁也从此名闻全国。明清以来，文人学者都为能登此楼阅览而自豪。

天一阁面积约 2.6 万平方米，分藏书文

天一阁

化区、园林休闲区、陈列展览区。以宝书楼为中心的藏书文化区有东明草堂、范氏故居、尊经阁、明州碑林、千晋斋和新建藏书库。以东园为中心的园林休闲区有明池、假山、长廊、碑林、百鹅亭、凝晖堂等景点。以近代民居建筑秦氏支祠为中心的陈列展览区，包括芙蓉洲、闻氏宗祠和新建的书画馆。书画馆在秦祠西侧，粉墙黛瓦、黑柱褐梁，有宅六栋，曰："云在楼，博雅堂，昼锦堂，画帘堂，状元厅，南轩。"与金碧辉煌的秦祠相映照。

天一阁一角

天一阁主人范钦塑像

范钦的私人藏书历经十三世，保存四百余年，虽然也有过几次大的失窃，但事后范氏族人又会想方设法不惜重金赎回。历代藏书家很多，其藏书能保存百年以上的并不多见，而范氏藏书却保存至今，这与范钦对藏书的管理制度密不可分。天一阁藏书制度规定："烟酒切忌登楼""代不分书，书不出阁"还规定藏书柜门钥匙由子孙多房掌管，非各房齐集不得开锁，外姓人不得入阁，不得私自领亲友入阁，不得无故入阁，不得借书与外房他姓，违反者将受到严厉的处罚，还制定了防火、防水、防虫、防鼠、防盗等各项

天一阁牌匾

措施。正因为如此，天一阁的藏书才得以保存到今日。“外姓人不得入阁”一条，使得天一阁的藏书不为外人所知，直到（清康熙十二年），明末清初思想家黄宗羲才有幸成为外姓人登阁第一人。允许黄宗羲登阁的是范钦曾子孙（四世孙）范光燮。自此以后，天一阁才进入相对开放的时代，但仍只有一些真正的大学者才会被允许登天一阁参观。